小普羅藝術叢書

有了喜歡的顏色　有了豐富的創意
孩子，你更需要無邊無際的恣彩天空！

· 我喜歡系列 ·

我喜歡紅色	我喜歡棕色	我喜歡黃色	我喜歡綠色	我喜歡藍色	我喜歡白色和黑色

· 創意小畫家系列 ·

蠟筆	水彩	色鉛筆	粉彩筆	彩色筆	廣告顏料

    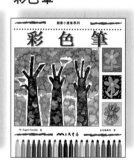 

· 小畫家的天空系列 ·

動物畫	風景畫	靜物畫

我喜歡 *like* 藍色

M. Àngels Comella 著

本公司編輯部 譯

三民書局

國家圖書館出版品預行編目資料

我喜歡藍色 / M.Àngels Comella著;三民書
局編輯部譯－－初版二刷.－－臺北市;
三民，2003
　　面；　公分－－(小普羅藝術叢書. 我喜
歡系列)

ISBN 957-14-2869-8　(精裝)

940

網路書店位址：http://www.sanmin.com.tw

© 我 喜 歡 藍 色

著作人　　M.Àngels Comella
譯　者　　三民書局編輯部
發行人　　劉振強
著作財
產權人　　三民書局股份有限公司
　　　　　臺北市復興北路386號
發行所　　三民書局股份有限公司
　　　　　地址／臺北市復興北路386號
　　　　　電話／(02)25006600
　　　　　郵撥／0009998-5
印刷所　　三民書局股份有限公司
門市部　　復北店／臺北市復興北路386號
　　　　　重南店／臺北市重慶南路一段61號
初版一刷　1998年8月
初版二刷　2003年4月
　編　號　S 94065
　精裝定價　新臺幣貳佰捌拾元整
　平裝定價　新臺幣貳佰伍拾元整
行政院新聞局登記證局版臺業字第○二○○號

有著作權‧不准侵害

目 次

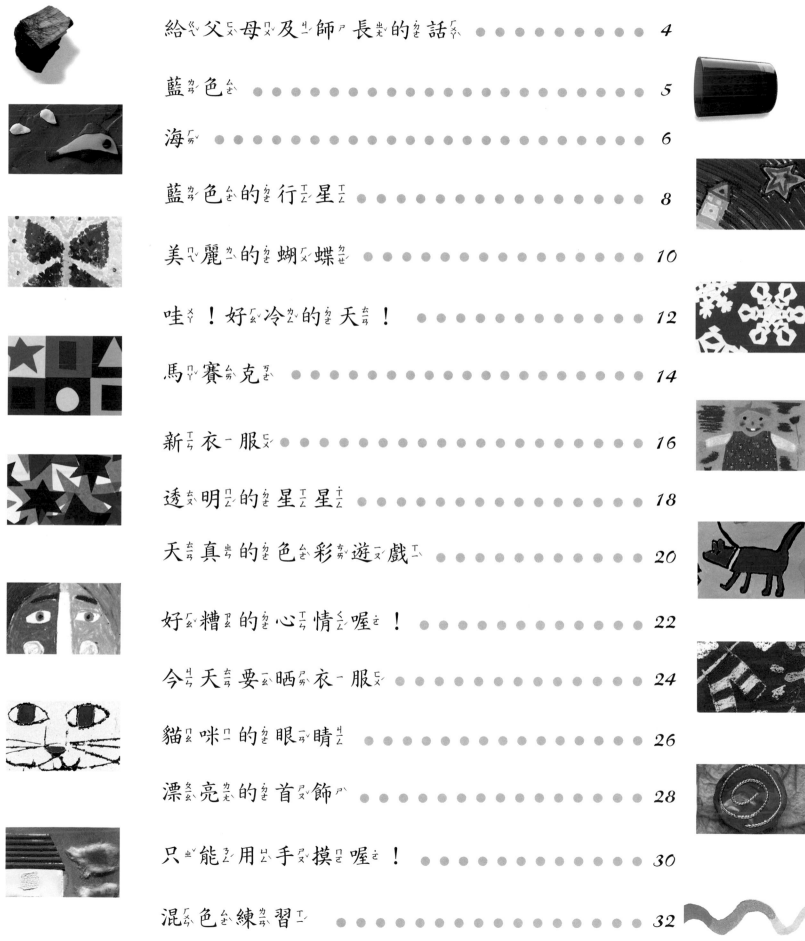

給父母及師長的話

僅是提到一個顏色，例如藍色，我們的腦海裡便會產生一連串的感覺：藍色是一個和我們生活經驗緊密連結的詞語，雖然環境不停地變換，我們仍然會把它和某些既存的影像或是經驗聯想在一起：冬天、貓咪的眼睛、地球透過人造衛星給人的第一個印象……

《我喜歡藍色》：是以適合小朋友閱讀的語言寫成的，書本裡的基本說明能讓小朋友體驗顏色在視覺上的變化。讓我們陪伴小朋友一起在這個充滿驚奇、獨一無二的冒險中發現色彩的世界。

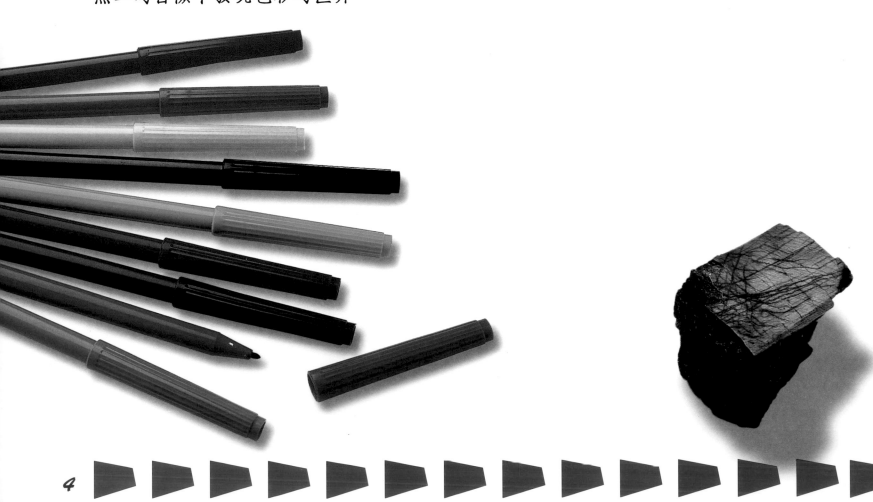

藍　色

有ㄧㄡˇ好ㄏㄠˇ多ㄉㄨㄛ種ㄓㄨㄥˇ藍ㄌㄢˊ色ㄙㄜˋ，像ㄒㄧㄤˋ這ㄓㄜˋ三ㄙㄢ種ㄓㄨㄥˇ：

綠ㄌㄩˋ藍ㄌㄢˊ色ㄙㄜˋ

海ㄏㄞˇ藍ㄌㄢˊ色ㄙㄜˋ

在ㄗㄞˋ這ㄓㄜˋ兩ㄌㄧㄤˇ種ㄓㄨㄥˇ中ㄓㄨㄥ間ㄐㄧㄢ的ㄉㄜ藍ㄌㄢˊ色ㄙㄜˋ

海

天氣好晴朗喲！
藍色的天空、藍色的海，
今天是個航海的好日子。

這趟海上之旅我們需要：

▶ 藍色的黏土

▶ 卡紙

▶ 其它顏色的黏土

1 我們用手指頭把藍色的黏土展平在卡紙上，做出一些波浪。

2 我們還在上面做了漁夫、海鳥和幾隻跳出水面的魚兒耶！

▶ 海有時是別的顏色：綠色或灰色或……

▶ 但是我們印象中的海，幾乎總是藍色的。

▶ 奇怪了，為什麼水不是清澈透明的呢？

你的海有什麼東西呢？是一隻鯨魚嗎？

藍色的行星

如果你從人造衛星看我們居住的地球，它是不是又藍又美麗呢？

觀看過天空以後，我們拿來：

▶ 各種顏色的彩色筆

1 我們沿著圓圈圈畫線，畫一個想像中的行星。

2 我們在這些線條中畫房子、樹木和星星。

▶ 每一顆行星的顏色都不一樣喲！

▶ 我們居住的地球是藍色的。

那火星是什麼顏色呢？ ▶ ▶ ▶ ▶ ▶ ▶ ▶

美麗的蝴蝶

現在是春天，
我們看到了好多、好多
美麗的蝴蝶喲！

畫蝴蝶
需要用到：

▶ 廣告顏料

1 我們用手指頭
沾一些些藍色
的廣告顏料，然
後在紙上畫出蝴
蝶的翅膀。

2 重複這個步驟。
但是用黃色來畫
身體，用綠色來畫
背景。

3 當我們變換顏
色的時候，要
先把手洗乾淨喔！

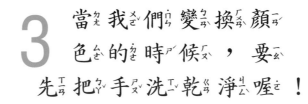

在ㄗㄞ海ㄏㄞˇ裡ㄌㄧˇ也ㄧㄝˇ有ㄧㄡˇ深ㄕㄣ藍ㄌㄢˊ色ㄙㄜˋ的ㄉㄜ˙魚ㄩˊ耶ㄧㄝ！

有ㄧㄡˇ些ㄒㄧㄝ鳥ㄋㄧㄠˇ兒ㄦˊ的ㄉㄜ˙羽ㄩˇ毛ㄇㄠˊ為ㄨㄟˋ天ㄊㄧㄢ空ㄎㄨㄥ添ㄊㄧㄢ加ㄐㄧㄚ了ㄌㄜ˙藍ㄌㄢˊ色ㄙㄜˋ。

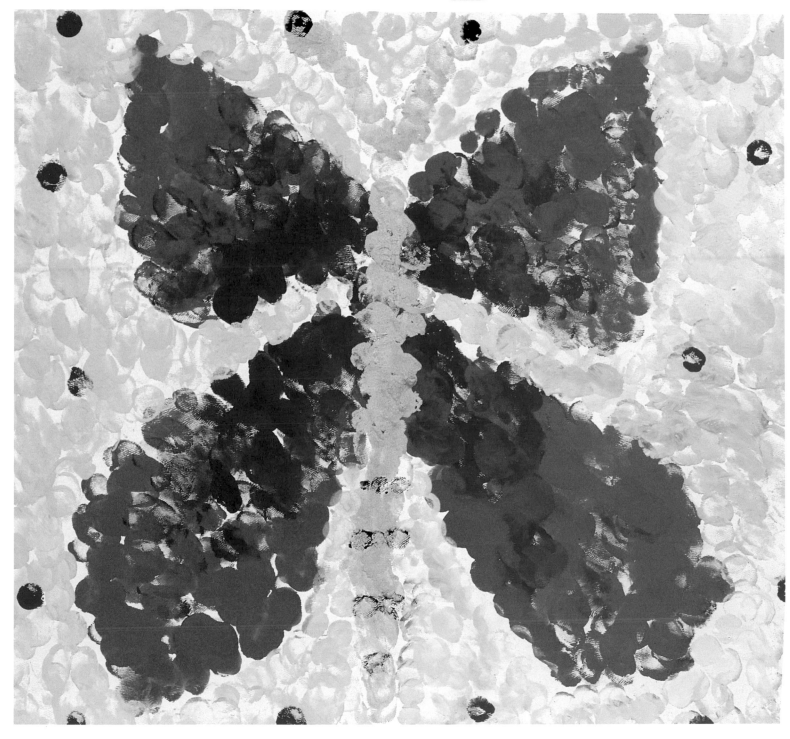

一ㄧˋ起ㄑㄧˇ來ㄌㄞˊ玩ㄨㄢˊ捉ㄓㄨㄛ迷ㄇㄧˊ藏ㄘㄤˊ吧ㄅㄚ˙！你ㄋㄧˇ的ㄉㄜ˙昆ㄎㄨㄣ蟲ㄔㄨㄥˊ會ㄏㄨㄟˋ是ㄕˋ什ㄕㄜˊ麼ㄇㄜ˙顏ㄧㄢˊ色ㄙㄜˋ的ㄉㄜ˙呢ㄋㄜ˙？ *11*

哇！好冷的天！

雪把大地都覆蓋上了一層白色。咦！還是藍色呢？

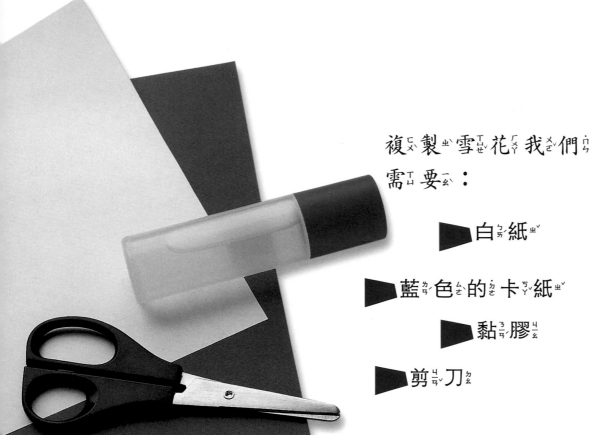

複製雪花我們需要：

▶ 白紙

▶ 藍色的卡紙

▶ 黏膠

▶ 剪刀

1 請大人先幫我們畫一些像圖裡的六角形，然後把它們剪下來。

2 我們把它們摺成像書上的樣子，然後在邊邊剪出形狀。

3 最後，把這些圖形黏到藍色的卡紙上。

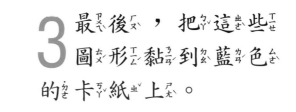

▶ 有些顏色看起來很寒冷，有些卻很溫暖。

▶ 在我們的印象中，藍色幾乎總是寒冷的。

▶ 雪花在顯微鏡下，看起來好像星星。

它們像雪的結晶，每一個都不一樣耶！

透明的星星

紙張可以是透明的，
像滿是星星的藍色天空。

畫我們的藍色天空，
需要用到：

▶ 藍色的棉紙
  和玻璃紙

▶ 黏膠和剪刀

▶ 白色的卡紙

1 我們剪下大小一樣的星星，然後一個接一個把它們黏起來。

2 當它們放在一起的時候，每個藍色都是不一樣的喲！

不ㄅㄨˋ是ㄕˋ只ㄓˇ有ㄧㄡˇ一ㄧ種ㄓㄨㄥˇ藍ㄌㄢˊ色ㄙㄜˋ，而ㄦˊ是ㄕˋ有ㄧㄡˇ好ㄏㄠˇ多ㄉㄨㄛ種ㄓㄨㄥˇ喲ㄧㄛ！

藍ㄌㄢˊ色ㄙㄜˋ可ㄎㄜˇ以ㄧˇ是ㄕˋ深ㄕㄣ色ㄙㄜˋ的ㄉㄜ，也ㄧㄝˇ可ㄎㄜˇ以ㄧˇ是ㄕˋ淺ㄑㄧㄢˇ色ㄙㄜˋ的ㄉㄜ。

不ㄅㄨˋ同ㄊㄨㄥˊ的ㄉㄜ藍ㄌㄢˊ色ㄙㄜˋ放ㄈㄤˋ在ㄗㄞˋ一ㄧ起ㄑㄧˇ，會ㄏㄨㄟˋ產ㄔㄢˇ生ㄕㄥ另ㄌㄧㄥˋ外ㄨㄞˋ一ㄧ種ㄓㄨㄥˇ的ㄉㄜ藍ㄌㄢˊ色ㄙㄜˋ。

如ㄖㄨˊ果ㄍㄨㄛˇ是ㄕˋ海ㄏㄞˇ呢ㄋㄜ？會ㄏㄨㄟˋ有ㄧㄡˇ什ㄕˊ麼ㄇㄜ樣ㄧㄤˋ的ㄉㄜ藍ㄌㄢˊ色ㄙㄜˋ呢ㄋㄜ？

天真的色彩遊戲

走！
我們到公園裡去玩吧！
幻想事物都變了顏色時的情形。

玩這個天真的顏色遊戲，
我們需要：

▶ 廣告顏料

▶ 畫筆

1 用畫筆沾黑色的顏料，我們來畫一個帶著狗的小朋友。

2 等乾了以後，我們用廣告顏料來著色。

我们常常把画里的东西，涂成我们平常看到的颜色。

可是改变一下颜色，也满好玩的哟！

蓝色的小狗？真是不敢相信耶！

好糟的心情喔！

不曉得是什麼原因，
我醒來的時候，
就覺得心情不好。
今天，好像每一件事物也都變憂鬱了呢！

表達我們的心情需要：

▶ 畫筆和一些漿糊

▶ 藍色、淡紫色、灰色和白色的蠟筆

1 我們用這些蠟筆畫出一個小臉蛋兒。

2 畫好以後，用漿糊固定起來。

▶ 咦ㄧˊ！顏ㄧㄢˊ色ㄙㄜˋ好ㄏㄠˇ像ㄒㄧㄤˋ也ㄧㄝˇ有ㄧㄡˇ快ㄎㄨㄞˋ樂ㄌㄜˋ和ㄏㄜˊ悲ㄅㄟ傷ㄕㄤ。

▶ 藍ㄌㄢˊ色ㄙㄜˋ能ㄋㄥˊ傳ㄔㄨㄢˊ達ㄉㄚˊ悲ㄅㄟ傷ㄕㄤ的ㄉㄜˊ感ㄍㄢˇ覺ㄐㄩㄝˊ喲ㄧㄠ！

這ㄓㄜˋ個ㄍㄜˋ婦ㄈㄨˋ人ㄖㄣˊ好ㄏㄠˇ傷ㄕㄤ心ㄒㄧㄣ喔ㄛ！發ㄈㄚ生ㄕㄥ了ㄌㄜ什ㄕㄜˊ麼ㄇㄜ事ㄕˋ嗎ㄇㄚ？

今天要晒衣服

我們來幫忙做家事吧！
今天把洗好的衣服晾起來。

畫這些掛在太陽下的衣服，
我們需要：

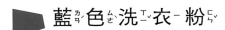

▶ 藍色洗衣粉

▶ 蠟筆

▶ 畫筆

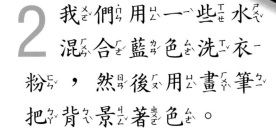

1 我們用蠟筆來畫掛在晒衣繩上的衣服以及太陽、雲、鳥兒……

2 我們用一些水混合藍色洗衣粉，然後用畫筆把背景著色。

▶ 藍色洗衣粉是用來洗白色衣服的。

▶ 當它溶解以後，會把水變成很強烈的藍色。

▶ 我們也可以拿它來著色喲！

好多洗乾淨的衣服喔！甚至還可以聞得到乾淨的味道呢！ 25

貓咪的眼睛

我們的貓咪叫做月兒，
她是夜晚的女王。

一起來畫我們的貓咪
月兒吧！我們需要：

▶ 廣告顏料

　　▶ 黑色的蠟筆

▶ 畫筆和
　原子筆蓋

1 我們把一些卡紙塗上黑色的蠟筆，然後再用白色的廣告顏料加上一層外衣。

2 等顏料乾了以後，用筆蓋刮除顏料，把圖案刮出來。

3 我們用廣告顏料來畫貓咪的眼睛和其它的細部。這樣子，這幅畫就完成了喲！

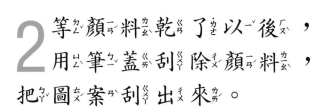

貓咪眼球的虹膜
也是藍色的。

貓咪有一雙非常
漂亮的眼睛。

那你呢？你的眼睛有著和月兒一樣的藍色嗎？

漂亮的首飾

我們在商店裡看到了好多藍色的礦石。有些石頭切割以後就變成首飾了耶！

要在家裡製作漂亮的首飾並不難喔！我們需要：

▶ 鋁箔紙

▶ 不同藍色的黏土

▶ 白色的黏土

▶ 金色和銀色的細繩子

1 我們把黏土混合成不同的藍色。

2 我們假裝黏土是珍貴的石頭，用它來做成首飾。

土ㄊㄨˇ耳ㄦˇ其ㄑㄧˊ石ㄕˊ　花ㄏㄨㄚ崗ㄍㄤ石ㄕˊ　琉ㄌㄧㄡˊ璃ㄌㄧ

為ㄨㄟˋ女ㄋㄩˇ王ㄨㄤˊ準ㄓㄨㄣˇ備ㄅㄟˋ的ㄉㄜ˙首ㄕㄡˇ飾ㄕˋ大ㄉㄚˋ展ㄓㄢˇ耶ㄧㄝ！

只能用手摸喔！

你不能用眼睛看，
那你猜得出來是什麼嗎？
要不要來猜猜看這是什麼顏色呢？

畫這一幅只能摸不能看的圖，
我們需要：

► 水彩和畫筆

► 白色的砂子和棉花

► 瓦楞紙和迴紋針

► 膠水

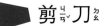

► 剪刀

1 先想一想圖畫的內容，然後用迴紋針在瓦楞紙上刻出痕跡。

2 我們把不同的材料貼到瓦楞紙上，然後用水彩著色。

 雲ㄩㄣˊ

 牆ㄑㄧㄤˊ壁ㄅㄧˋ

草ㄘㄠˇ地ㄉㄧˋ

哇ㄨㄚ！一ㄧˋ幅ㄈㄨˊ你ㄋㄧˇ連ㄌㄧㄢˊ閉ㄅㄧˋ著ㄓㄜ˙眼ㄧㄢˇ睛ㄐㄧㄥ都ㄉㄡ能ㄋㄥˊ感ㄍㄢˇ到ㄉㄠˋ愉ㄩˊ快ㄎㄨㄞˋ的ㄉㄜ˙圖ㄊㄨˊ畫ㄏㄨㄚˋ。

混色練習

我ㄨㄛˇ們ㄇㄣ˙把ㄅㄚˇ藍ㄌㄢˊ色ㄙㄜˋ和ㄏㄜˊ其ㄑㄧˊ它ㄊㄚ顏ㄧㄢˊ色ㄙㄜˋ混ㄏㄨㄣˋ合ㄏㄜˊ在ㄗㄞˋ一ㄧˋ起ㄑㄧˇ時ㄕˊ，會ㄏㄨㄟˋ怎ㄗㄣˇ麼ㄇㄜ˙樣ㄧㄤˋ呢ㄋㄜ˙？

藍ㄌㄢˊ色ㄙㄜˋ ＋ 黃ㄏㄨㄤˊ色ㄙㄜˋ

綠ㄌㄩˋ色ㄙㄜˋ

藍ㄌㄢˊ色ㄙㄜˋ ＋ 粉ㄈㄣˇ紅ㄏㄨㄥˊ色ㄙㄜˋ

粉ㄈㄣˇ紫ㄗˇ色ㄙㄜˋ

藍ㄌㄢˊ色ㄙㄜˋ ＋ 綠ㄌㄩˋ色ㄙㄜˋ

綠ㄌㄩˋ藍ㄌㄢˊ色ㄙㄜˋ

藍ㄌㄢˊ色ㄙㄜˋ ＋ 橙ㄔㄥˊ色ㄙㄜˋ

棕ㄗㄨㄥ色ㄙㄜˋ

假ㄐㄧㄚˇ如ㄖㄨˊ沒ㄇㄟˊ有ㄧㄡˇ光ㄍㄨㄤ線ㄒㄧㄢˋ，就ㄐㄧㄡˋ不ㄅㄨˊ會ㄏㄨㄟˋ有ㄧㄡˇ藍□色□，也ㄧㄝˇ不ㄅㄨˊ會ㄏㄨㄟˋ有ㄧㄡˇ其ㄑㄧˊ它ㄊㄚ的ㄉㄜ˙顏ㄧㄢˊ色□了ㄌㄜ˙。

一套專為十歲以上少年設計的百科全書

人類文明小百科

● 適讀年齡：10歲以上 ●

★ 行政院新聞局推介中小學生優良課外讀物 ★

· 充滿神秘色彩的神話從何而來？

· 埃及金字塔埋藏什麼樣的秘密？

· 想一窺浩瀚無垠的宇宙奧秘嗎？

人類文明小百科

為您解答心中的疑惑，開啟新的視野

人類文明小百科

兒童文學叢書

小詩人系列

●適讀年齡：8歲以上●

榮獲新聞局第十六、十七、十八、十九、二十次中小學生優良課外讀物推介
「好書大家讀」活動推薦好書暨1997年、2000年最佳少年兒童讀物

三民書局的「小詩人系列」自發行以來，
本本皆可稱「色藝雙全」，
在現今的兒童詩集出版品中，
無疑是相當亮麗的一片好風景。
（國立臺東師院兒童文學研究所所長　林文寶）